AF383192

LE MASSACRE DE NANKIN

Un effroyable épisode de la guerre sino-japonaise

Par Magali Bailliot

50MINUTES.fr

LE MASSACRE DE NANKIN

UN EFFROYABLE ÉPISODE DE LA GUERRE SINO-JAPONAISE

- **Quand ?** 13 décembre 1937 – fin janvier 1938
- **Où ?** Nankin (province du Jiangsu, Chine centrale)
- **Contexte ?** Guerre sino-japonaise (1937-1945)
- **Protagonistes ?**
  - Yasuhiko Asaka (commandant de l'armée impériale japonaise, 1887-1981).
  - Iwane Matsui (général de l'armée impériale japonaise, 1878-1948).
  - John Rabe (homme d'affaires allemand, 1882-1950).
- **Répercussions ?**
  - Un très grand nombre de victimes, dont le décompte exact fait débat : 200 000 d'après le Tribunal militaire international pour l'Extrême-Orient (TMIEO), entre 40 000 et 200 000 victimes d'après plusieurs historiens japonais.

- Une terreur absolue parmi les civils, qui engendre l'un des exils les plus massifs de l'histoire de la Chine.
- Des procès et condamnations des responsables du massacre en 1946, par le TMIEO et le tribunal des crimes de guerre de Nankin.
- Un sujet devenu sensible et des tensions diplomatiques entre la Chine et le Japon.

Au cours de l'été 1937, la Chine et le Japon entrent en guerre. Les nationalistes incarnés par le Guomindang de Tchang Kaï-chek (généralissime et homme d'État chinois, 1887-1975) s'allient temporairement avec les communistes chinois pour faire face à l'invasion du Japon. Mais en novembre 1937, Shanghai (Chine) tombe, et l'armée impériale japonaise avance sur Nankin. Après une phase de bombardements intensifs, celle-ci organise rapidement le siège de la ville.

À partir du 13 décembre 1937, l'armée japonaise occupe Nankin. Débute alors un massacre de masse. Les principales cibles des meurtres sont les soldats désarmés et tous les hommes potentiellement capables de résister, mais très rapidement, femmes et personnes âgées sont également visées. Meurtres, viols et incendies sont quotidiens, faisant des centaines de milliers de victimes. Si une zone de sécurité organisée par un comité composé d'une vingtaine d'Occidentaux restés sur place recueille près de 200 000 réfugiés, elle peine à en garantir la totale sécurité.

Après six semaines de massacre, à la fin janvier 1938, l'armée japonaise estime que l'ordre est rétabli et les réfugiés sont contraints de quitter la zone de sécurité occidentale. Les atrocités décroissent. Cependant, certains historiens considèrent que le massacre de Nankin a débuté mi-novembre, c'est-à-dire dès l'arrivée de l'armée japonaise dans la province du Jiangsu, et qu'il s'est achevé à la fin du mois de mars 1938.

CONTEXTE

MONTÉE DU NATIONALISME AU JAPON

L'ère Meiji (1868-1912) s'achevant, une nouvelle idéologie se développe au Japon. Vainqueur contre la Russie en 1905, l'archipel ne doute plus de sa force ni de sa supériorité. Il s'agit en effet d'un tournant dans l'histoire du Japon, car c'est la première victoire d'une puissance asiatique sur un État occidental. Le pays s'inscrit durablement dans le sillage d'un impérialisme initié par les Occidentaux qu'il peut dès lors défier.

Néanmoins, dans les années 1920, son élan est freiné par les difficultés économiques et sociales. En effet, le fait que l'économie japonaise soit basée sur la dépendance extérieure en matières premières et l'exportation pousse le Japon à chercher à s'étendre pour contrôler les approvisionnements. Si à cette époque l'on reproche aux politiques l'enlisement du pays, l'armée promue au Conseil impérial depuis 1889 se voit quant à elle gratifiée d'une image d'incorruptibilité. Peu à peu, cette dernière devient prépondérante dans la sphère politique. Avec le remplacement des officiers issus de familles de samouraïs par des gradés d'origine modeste incarnant un renouveau moral, un nouvel esprit totalitariste et impérialiste se développe.

En 1928, elle devient l'armée de l'empereur avec une doctrine militaire mettant au premier plan fidélité et obéissance au souverain, et ce au détriment de la nation. En effet, si le culte de l'empereur, la fierté nationale, la défiance à l'égard des puissances colonisatrices et l'exaltation des faits d'armes caractérisaient déjà le pays, des mouvances encore plus réactionnaires et ultranationalistes émergent au sein de l'armée, et par la même au niveau de l'État. Ces milieux honnissent le parlementarisme, mis en place en 1912 lors du règne de l'empereur Taisho tenno (1879-1926), qu'ils jugent nuisible au pouvoir impérial, de même que les puissances occidentales ou toute autre forme d'opposition. C'est le ferment à partir duquel de nombreux incidents vont éclater.

MILITARISATION DU POUVOIR NIPPON

Le coup de force de Moukden de 1931 par lequel le Japon crée l'État du Mandchoukouo en 1932 dans le nord de la Chine, voit l'armée coloniale du Kwantung se substituer au gouvernement dans ses décisions. En effet, avec ce succès éclair par les armes, la création d'un nouvel État permettant au Japon de limiter sa dépendance économique fait mouche. Rien ne semble donc s'opposer à l'emprise militaire qui s'est développée au sein de l'État et dans une société civile de plus en plus contrôlée.

Celle-ci voit dans ces événements l'espoir d'une amélioration du contexte économique alors en crise, car si le Japon a connu un équilibre démocratique pendant l'ère Taisho (1912-1926), il a dû faire face à des crises liées à la modernisation rapide du pays, notamment à des émeutes dans les milieux ouvriers.

En mai 1932, le Premier ministre Inukai (1855-1932), qui avait limité la flotte impériale via un accord avec les puissances occidentales (États-

Unis, Royaume-Uni, France, Italie), est aussitôt assassiné par des membres de la marine impériale japonaise et du groupuscule de la Ligue du sang. Le 26 février 1936, des ultras nationalistes de l'armée impériale japonaise et des partisans de la voie impériale mènent une autre tentative de coup d'État. Ils éliminent plusieurs hommes politiques en plein centre de Tokyo. Leur motivation : restaurer la toute-puissance impériale, raffermir les traditions et assurer au Japon son indépendance face aux puissances étrangères.

Le pouvoir fléchit et en 1935, il adopte une résolution proclamant d'une part le Japon « centre vital du monde » (cité par MARGOLIN (Jean-Louis), *L'armée de l'empereur. Violences et crimes du Japon en guerre 1937-1945*, Paris, Armand Colin, 2006, p. 41) et d'autre part l'empereur « d'essence divine et centre du Japon » (*ibid.*). Par ailleurs, l'emprise colonialiste de l'archipel devient du ressort de la défense nationale. L'idée de la supériorité des Japonais sur les autres peuples et celle d'une guerre sainte qui doit être menée par l'armée au nom de l'empereur va entraîner de nombreuses séries d'atrocités.

LA VIOLENCE DU SYSTÈME MILITAIRE : LE *BUSHIDO*

Si, lors des conflits antérieurs, l'armée japonaise suivait un modèle occidental sans donner lieu à des exactions systématiques, l'expansion du totalitarisme qui sévit sur l'archipel change la donne. Ayant abandonné les modèles occidentaux, l'armée japonaise avait réintroduit dès les années 1910 l'idée de sacrifice patriotique.

Cette idéologie qui reprend le *bushido* (ou voie du guerrier, le code d'honneur des samouraïs de l'ancien Japon) à son compte contraint les soldats japonais à se soumettre au culte de la victoire à tout prix. Réprimandes, humiliations, brutalités et dépersonnalisation, voire homicides deviennent les bases de la formation militaire. En 1928, le code militaire interdit de se constituer prisonnier. La reddition est proscrite et équivaut à une trahison : c'est la victoire où la mort.

LES DÉBUTS DU CONFLIT SINO-JAPONAIS

Jusqu'au milieu des années 1930, le général Tchang Kaï-chek à la tête du Guomindang (parti nationaliste créé en 1912 par Sun Yat-sen, homme d'État chinois, 1866-1925) hésite encore à s'opposer au Japon, la Chine étant plongée dans de graves dissensions politiques et dans un contexte économique chancelant. Nationalistes et communistes s'affrontent sur un territoire troublé par les seigneurs de la guerre (gouverneurs de provinces dans la Chine de 1911 à 1927), et le pays est au bord du chaos. En outre, le Guomindang n'arrive pas à freiner l'impérialisme étranger : dans les années 1930, l'économie de la Chine dépend encore des puissances occidentales qui contrôlent les seigneurs de la guerre.

Mais dès décembre 1936, Tchang Kaï-chek et Mao Zedong (1893-1976) s'allient temporairement pour éradiquer la menace japonaise. L'archipel s'en inquiète. Les événements se précipitent le 7 juillet 1937 avec l'incident fortuit du pont Marco Polo au cours duquel des forces chinoises et japonaises s'affrontent. Alors que des troupes japonaises manœuvrent près du pont Marco Polo à environ 15 km environ de Pékin (Chine), elles se heurtent à un petit nombre de soldats chinois. L'incident sert aussitôt de prétexte à l'invasion de la Chine.

Le 8 août, Pékin capitule, et le 11 novembre, Shanghai tombe après trois mois de combats intenses et meurtriers. L'armée impériale japonaise marche alors sur Nankin, siège du Guomindang. Tchang Kaï-chek, ne souhaitant pas voir ses troupes d'élite nationalistes anéanties pour cette ville qu'il considère déjà perdue, part avec son gouvernement trouver refuge à Wuhan (Chine) le 7 décembre. Il ne laisse à Nankin que le général Tang Shengzhi (1889-1970) à la tête d'une armée peu expérimentée.

Nankin est l'une des plus anciennes villes de la Chine centrale. Elle a été au cœur de nombreux épisodes de l'histoire chinoise. Elle aurait été fondée en 495 av. J.-C. Elle accède à plusieurs reprises au statut de capitale impériale. C'est au XIVe siècle qu'elle prend son nom actuel : Nanjing (littéralement « capitale du sud », alors que Beijing signifie « capitale du nord »).

Durant cette période, la ville se développe considérablement, devenant la plus grande cité de Chine. Capitale du royaume Taiping (1851-1864), premier grand mouvement de révolte populaire, la ville est reprise en 1864 par les Qing (1644-1911), qui y perpètrent un massacre de 100 000 personnes. Éphémère capitale de la République chinoise en 1911, elle retrouve son statut lorsque Tchang Kaï-chek prend la tête du Guomindang. C'est à Nankin que se trouve le mausolée de Sun Yat-sen, fondateur de la République de Chine.

BIOGRAPHIES

YASUHIKO ASAKA, OFFICIER DE L'ARMÉE IMPÉRIALE JAPONAISE

Yasuhiko Asaka, membre de la famille impériale du Japon, oncle de l'empereur Hirohito (1901-1989), est officier au sein de l'armée impériale japonaise. Il reçoit une formation militaire avant d'être incorporé à l'Académie de l'armée impériale japonaise en 1908. En 1912, il est promu capitaine et en 1917, lieutenant-colonel, puis colonel en 1922. Entre 1920 et 1923, il étudie à l'École spéciale militaire de Saint-Cyr, en France. En 1933, il obtient le grade de lieutenant général ainsi que la charge de la garde impériale. En décembre 1935, il intègre le conseil suprême de guerre, devenant ainsi l'un des conseillers direct de l'empereur Hirohito.

Après la tentative de putsch ultranationaliste du 26 février 1936, Asaka incite l'empereur à former un nouveau gouvernement acceptable pour les militaires rebelles. En novembre 1937, le prince devient commandant des forces japonaises à l'extérieur de Nankin, remplaçant temporairement le général Matsui (1878-1948). Lors de l'assaut final, il aurait délivré l'ordre de tuer tous les captifs.

Après la reddition du Japon, bien qu'il ait été interrogé sur son implication dans le massacre de Nankin, il n'est pas traduit devant le Tribunal militaire international pour l'Extrême-Orient. En effet, pour des raisons politico-stratégiques et géopolitiques, Douglas MacArthur (général américain, 1880-1964) décide de soutenir la famille impériale et d'accorder l'immunité à tous ses membres.

IWANE MATSUI, GÉNÉRAL DE L'ARMÉE IMPÉRIALE JAPONAISE

Iwane Matsui est un général de l'armée impériale japonaise. Présent sur le front lors de la guerre russo-japonaise entre 1904 et 1905, il commande le 29e régiment de l'armée impériale entre 1919 à 1921. Il devient général en 1933 et membre du conseil suprême de guerre jusqu'en 1935.

En 1935, sur la décision du quartier général impérial, il dirige l'armée régionale japonaise de Chine centrale et le 7 décembre 1937 – avec les lieutenants-généraux Kesago Nakajima (1881-1945) et Heisuke Yanagawa (1879-1945) –, il commande les troupes japonaises lors de la bataille de Nankin. Si, pour des raisons de maladie, Matsui n'est pas présent au début du massacre, il en est néanmoins informé. En 1938, rappelé au Japon, il y prend sa retraite. Il est décoré le 29 avril 1940 pour son rôle dans la guerre. Mais en 1945, il est arrêté avant d'être condamné à mort par le Tribunal militaire international pour l'Extrême-Orient en tant que responsable du massacre de Nankin.

JOHN RABE, HOMME D'AFFAIRES ALLEMAND

Après avoir débuté sa carrière en Afrique de 1903 à 1906, John Rabe part en Chine comme employé de Siemens entre 1910 et 1938. En 1931, il devient directeur général des bureaux et de l'usine de Siemens à Nankin.

Fin 1937, lorsque Nankin est bombardée et menacée par l'arrivée des troupes japonaises, il crée, avec d'autres étrangers, le Comité international de la zone de sécurité de Nankin et une zone internationale pour venir en aide aux civils qui n'avaient pas fui la ville. L'espoir du Comité était que Rabe, en tant que citoyen allemand et membre du parti nazi, puisse exercer une influence sur les autorités japonaises. Pendant plusieurs semaines, Rabe abrite plusieurs centaines de civils chinois dans sa propre maison et sur sa propriété. Près de 250 000 personnes réfugiées dans la zone de sécurité sont épargnées par le massacre.

| Maison de John Rabe à Nankin. © Magali Bailliot

En février 1938, Rabe rentre à Berlin, où il continue à travailler pour Siemens à la division internationale. Dans le même temps, il donne des conférences à Berlin pour faire part des atrocités dont il a été témoin à Nankin. Sur la recommandation de l'ambassadeur d'Allemagne à Nankin et d'Ernst Bohle (1903-1960), chef de l'Organisation étrangère du Parti national-socialiste des travailleurs allemands (1933 à 1945), on lui attribue la médaille de la Croix-Rouge allemande.

En juin 1938, John Rabe tente de sensibiliser Hitler (homme d'État allemand, 1889-1945) aux massacres commis en Asie. En retour, il est arrêté par la Gestapo. Libéré, il est de nouveau arrêté à la fin de la guerre par les Soviétiques qui le remettent aux Britanniques, mais n'est pas condamné par les Alliés grâce à ses actions humanitaires menées à Nankin. Il décède à Berlin d'une crise cardiaque le 5 janvier 1950. En 1997, sa dépouille a été transférée à Nankin, à l'emplacement du mémorial du massacre.

Le journal de John Rabe, traduit en anglais sous le titre *The Good Man of Nanking*, constitue un document d'importance sur la tragédie de Nankin.

ANALYSE DU MASSACRE

PRISE DE LA VILLE

Lorsque, au début du mois de décembre 1937, l'armée japonaise assiège Nankin, Tchang Kaï-chek a déjà fui. Restent sur place de nombreux soldats chinois désorganisés et laissés sans commandement, ainsi qu'une vingtaine d'Occidentaux. Ces derniers organisent à l'ouest de la ville le Comité international de la zone de sécurité de Nankin, dirigé par John Rabe, avec pour objectif de ravitailler et d'abriter les civils. La nationalité allemande de Rabe et son affiliation au parti nazi, uni à l'archipel par le pacte anti-Komintern (1936), lui allouent une relative crédibilité auprès des Japonais.

LA ZONE DE SÉCURITÉ DE NANKIN

La zone de sécurité de Nankin est un secteur démilitarisé mise en place dès l'arrivée de l'armée japonaise dans la ville. Elle permet d'accueillir plusieurs milliers de civils chinois dans 25 camps répartis sur 9 km. Elle se charge alors de gérer son organisation, son approvisionnement ainsi que les soins médicaux. Crée par le Comité international de la zone de sécurité de Nankin, elle est organisée par une vingtaine d'Occidentaux, journalistes, médecins, missionnaires ou d'hommes d'affaires dont l'Allemand John Rabe.

Si l'armée japonaise ne reconnaît pas la zone de sécurité, elle ne l'attaque pas. Cependant, des civils y sont régulièrement kidnappés par les soldats pour être tués ou violés. Les courriers envoyés au consulat japonais par le Comité international (plus de 60 sur les six semaines) dénonçant les exactions de l'armée japonaise sont restés sans effet. Par ailleurs, la capacité d'accueil de la zone est très rapidement dépassée par l'afflux des réfugiés. Initialement prévue pour 100 000 personnes, cette zone a dû en effet accueillir entre 200 et 250 000 hommes, femmes et soldats chinois ayant abandonné les armes.

À l'approche de l'armée japonaise, la majorité de la population s'enfuit, soit 700 000 ou

800 000 habitants sur un million. Ces derniers espèrent échapper aux combats, mais également aux privations engendrées par la stratégie de la terre brûlée menée autour de la ville par les troupes chinoises. Ceux qui restent se replient dans la zone internationale sur une superficie inférieure à 4 km². C'était, selon Rabe, les plus démunis, ceux qui n'avaient pas eu les moyens de partir. Au nord et dans les campagnes environnantes, forêts et villages sont dévastés par le feu en raison de la politique chinoise de la terre brûlée, tandis que plus loin, des exactions et des destructions ont déjà été commises par les Japonais, notamment à Suzhou (Chine) et à Sungchiang (Chine).

Avant l'assaut final, le Comité convainc les autorités japonaises d'épargner les quartiers où les forces chinoises sont absentes. Dans le même temps, il tente de persuader le gouvernement nationaliste chinois d'évacuer ses troupes et d'accepter la reddition, en vain. Tchang Kaï-chek refuse et ordonne aux soldats de se battre jusqu'au bout. Dans la ville pilonnée, assiégée, peu d'issues s'offrent alors aux habitants et aux soldats en fuite. Ne reste qu'un accès désespéré sur le Yangtze où des milliers d'entre eux périssent noyés dans ses eaux glacées et sous les balles japonaises. Le 10 décembre, l'assaut est lancé, et le 13, la ville tombe. Lorsque les Japonais entrent dans la ville, ils ne rencontrent presque pas de résistance.

LE MASSACRE DES SOLDATS CHINOIS

Au lendemain de la prise de la ville, les exactions débutent. Elles visent en premier lieu les soldats chinois. Ces derniers se rendent, mais malgré cela, ils sont poursuivis et massacrés. L'armée japonaise a carte blanche pour tuer. En effet, le 6 août 1937, l'empereur Hirohito l'a libérée des contraintes des lois internationales sur le traitement des prisonniers chinois. Rapidement, elle traque les soldats battant en retraite, menant une opération de ratissage dans toute la ville, zone de sécurité du Comité comprise.

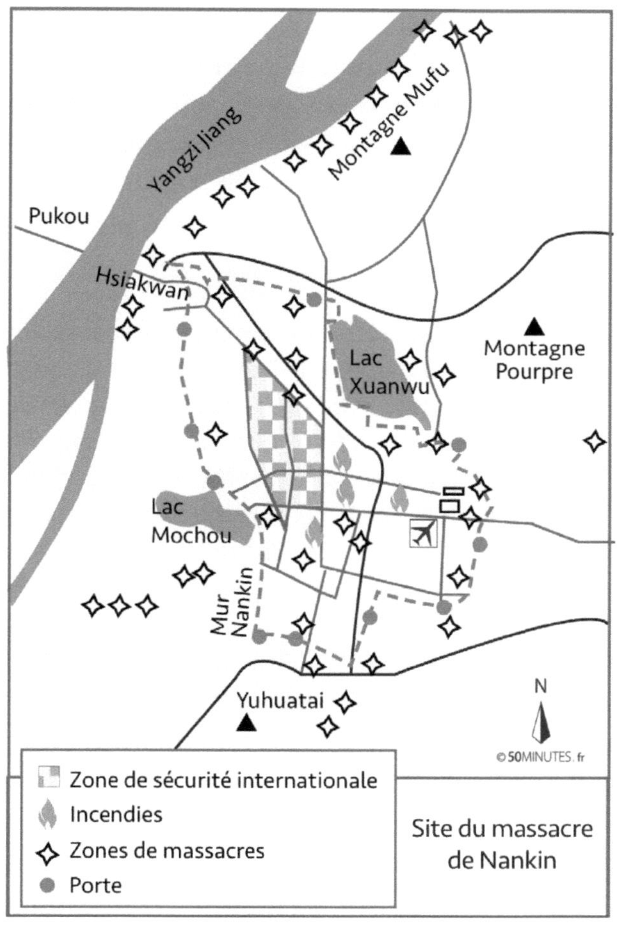

Les officiers japonais suspectant la présence de militaires parmi les civils, cette traque devient très vite celle de tous les hommes âgés de 14

à 50 ans. Pour distinguer les civils des soldats chinois qui se dissimulent parmi la population, les Japonais vérifient la présence de marques caractéristiques que laissent les casquettes militaires sur le front des hommes. Dans la plupart des cas, les hommes avec ou sans marque sont exécutés. Les ordres sont clairs :

> « Vous devez arrêter toute personne susceptible d'être un soldat en civil et le tenir prisonnier dans un lieu approprié [...]. Vous devez considérer tout homme adulte jusqu'à la cinquantaine comme un soldat égaré ou en civil, et par conséquent l'arrêter et le tenir prisonnier. » (cité par YAMAMOTO (Masahiro), *Nanking : Anatomy of an Atrocity*, Wesport/Londres, Praeger, 2000, p. 97)

Les rafles se succèdent sans que le Comité ne puisse s'y opposer. Des hommes sont toutefois sauvés *in extremis*, le Comité tentant de protéger au mieux les civils. Exécutions à l'arme blanche – notamment au sabre – et par le feu s'enchaînent. Sur les berges du Yangtze, des dizaines de milliers de prisonniers sont mitraillés. Ainsi, 1 300 personnes, tous statuts confondus, sont regroupées à l'une des portes de la ville et sont explosées par des mines, aspergées d'essence et

brûlées. Les survivants sont achevés à la baïonnette. Le nombre de victimes reste incertain,
entre 30 000 et 60 000 selon les sources.

TERREUR SUR LES CIVILS

Les troupes japonaises commettent également
des meurtres, des viols, des tortures, des mutila-
tions, des vols, des humiliations et des incendies.
Aussi des milliers de Chinois sont-ils exécutés en
masse dans une vaste fosse aujourd'hui nommée
le « fossé aux 10 000 corps » et dont les vestiges
macabres sont partiellement visibles sur le site
du mémorial de Nankin.

| Le fossé aux 10 000 corps, site de mémorial de
Nankin. © Magali Bailliot

Le 17 décembre, Rabe s'adresse en vain à l'ambassade du Japon pour dénoncer les crimes de l'armée :

> « Le 13, quand vos troupes pénétrèrent dans la ville, nous avions la presque totalité de la population civile rassemblée à l'intérieur d'une zone dans laquelle il y avait eu très peu de destructions par obus perdus, et pas de pillage par les troupes chinoises, même au moment de leur retraite. Vous aviez tout loisir de prendre le contrôle pacifiquement de cet espace, et de laisser là une vie normale se poursuivre sans être troublée, jusqu'à la restauration de l'ordre dans le reste de la cité. Alors une vie normale aurait pu être complètement restaurée. Les vingt-sept Occidentaux alors présents et notre population chinoise furent totalement surpris par le règne du vol, du viol et du meurtre que vos soldats initièrent le 14. » (MARGOLIN (Jean-Louis), *L'armée de l'empereur. Violences et crimes du Japon en guerre 1937-1945*, Paris, Armand Colin, 2006, p. 190)

Dans ce chaos, les femmes sont particulièrement ciblées, faisant l'objet de viols, de tortures et de meurtres. D'après les témoins, le nombre de victimes tous âges confondus s'échelonne entre de 8 000 et 20 000 personnes. La protection de la zone de sécurité est plus que précaire. Rabe signale que les Japonais s'y rendent régulièrement pour enlever des centaines d'hommes et de femmes, soit pour les exécuter, soit pour les violer. Les femmes qui résistent – ou pas – sont assassinées, passées à la baïonnette, éventrées ou éviscérées.

Les soldats japonais partent généralement en maraude par petits groupes – notamment à l'université des femmes de Jinling – et commettent des viols collectifs sous le regard de témoins terrifiés. Les notes du révérend McCallum du 19 décembre témoignent de ces crimes :

> « J'ignore quand cela prendra fin. Je n'ai jamais entendu parler ou lu à propos d'autant de brutalité. Viol ! Viol ! Viol ! Nous en estimons au moins 1 000 par nuit et beaucoup de jour. En cas de résistance ou de signe de réprobation, un coup de baïonnette ou une balle… Les gens sont hystériques… Les femmes sont enlevées chaque matin, après-midi et soir. Toute l'armée japonaise semble libre d'aller et venir comme bon lui semble et faire ce qui lui plaît. » (HU (Hua-Ling), *American Goddess at the Rape of Nanking. The Courage of Minnie Vautrin*, Southern Illinois University Press, 2000, p. 97)

Ceux qui défendent les victimes sont tués. Seuls les Occidentaux parviennent à s'opposer, mais non sans difficultés. Pendant le massacre, une usine de ciment près de Nankin a notamment servi de refuge à environ 6 000 Chinois grâce à Bernhard Sindberg (1911-1983), un Danois qui travaillait comme gardien de la cimenterie, et l'Allemand Karl Günther (1903-1987), le directeur de l'usine.

De nombreuses femmes sont également détenues dans les campements militaires, soumises à l'esclavage sexuel ou à la prostitution, crimes qui seraient à l'origine du système des « femmes de réconfort ». Cette expression désigne les victimes, le plus souvent mineures, du système d'esclavage sexuel organisé en Asie par l'armée japonaise à destination de ses soldats pendant la Seconde Guerre mondiale.

Par ailleurs, quel que soit le cas de figure, toute manifestation apparente de résistance est prétexte à mise à mort, de même que toute fuite ou dissimulation. Ainsi, parmi les hommes réquisitionnés au transport, les exécutions sont courantes, tandis que de nombreuses personnes âgées protégeant leurs maigres biens, surtout des femmes, périssent par le feu dans leur maison incendiée. Pillage et vandalisme sont systématiques jusqu'à épuisement total de toute possibilité de survie hors zone de sécurité. Les commerces sont vidés, souvent brûlés. Le butin est emporté par camions.

DE LA VICTOIRE JAPONAISE À LA FIN DU MASSACRE

Le 17 décembre 1937, à Nankin, le général Matsui défile pour la victoire. Ce jour-là, 13 000 soldats chinois sont mitraillés sur les rives du Yangtze.

Les exactions connaissent une accalmie fin décembre, mais elles reprennent après les fêtes de fin d'année. À la fin du mois de janvier 1938, le massacre s'achevant et les difficultés de ravitaillement étant de plus en plus importantes, les réfugiés de la zone de sécurité sont sommés par les Japonais de rentrer chez eux.

Début février 1938, un gouvernement civil chinois de collaboration est mis en place et rétablit l'ordre petit à petit : les atrocités commises à Nankin diminuent singulièrement. Le 18 février, le Comité international de la zone de sécurité de Nankin se dote d'un nouveau nom : Comité international de sauvetage de Nankin. Enfin, le même mois, le prince Asaka et le général Matsui rentrent au Japon, marquant la fin du massacre de Nankin.

LA TERREUR DE MASSE : UNE STRATÉGIE DE CONQUÊTE

Le massacre de Nankin ne résulte pas d'un mouvement spontané de soldats pris de folie en raison de la dureté des combats précédents, comme le précise le témoignage d'Ukita Gentaro (né en 1915), officier du 33e régiment d'infanterie de la 16e division qui a assiégé Nankin en 1937 : « Mon bataillon a reçu l'ordre de tuer tout le monde sans motif, hommes, femmes, jeunes ou vieux. Les atrocités ont débuté dès notre arrivée dans Nankin. [...] À cette époque nous avons fait des choses horribles. » (Mémorial du massacre de Nankin)

Les ordres ont été émis par les généraux proches du pouvoir militarisé. Ces atrocités obéissaient à un objectif : briser le pays et sa capitale en tarissant ses ressources, en éliminant ses institutions et en écrasant sa culture dont le Japon héritait et qui l'irritait. Le but consistait à s'approprier les espaces et les ressources et d'en devenir le maître, de même que celui de tout un peuple, par la menace de sanctions violentes en cas de résistance. C'est dans une optique de soumission totale et dans une logique de guerre implacable que l'armée japonaise formée « à la dure » s'est adonnée au pire.

Ciblant plus particulièrement certaines franges de la population (hommes susceptibles de résister, femmes à « valeur marchande » avec mise en place d'un système de prostitution), cette violence a été organisée, méthodique. Cependant, petits enfants et personnes âgées n'ont pas été épargnés pour la cause. L'exécution des combattants chinois, quant à elle, déchargeait la logistique déficiente de l'armée japonaise. À ce mépris, ce cynisme macabre, la terreur devait aussi favoriser les désertions donc juguler toute résistance. La razzia a quant à elle été conduite sous prétexte de réquisition et de ravitaillement. Palliant la négligence de l'intendance inhérente à l'armée, elle permettait aussi aux officiers de faire miroiter à leurs hommes toutes les récompenses possibles.

RÉPERCUSSIONS

DÉBAT SUR LES CONSÉQUENCES DU MASSACRE

L'estimation du nombre de victimes fait débat. Selon les sources chinoises, le massacre aurait engendré 300 000 victimes. Pour d'autres, ce nombre varie entre 150 000 et 300 000. Les obstacles résident dans les différentes méthodes de recensement tant sur les plans géographique que chronologique.

Certains historiens font débuter le massacre dès l'arrivée de l'armée japonaise dans la province du Jiangsu, soit dès la mi-novembre après la chute de Shanghai – il est vrai que les violences ont débuté sur le trajet reliant les deux villes –, et fixent la fin des violences fin mars 1938. D'autres en revanche se basent sur une fourchette chronologique stricte et cantonnent le lieu à la ville *stricto sensu*. Selon le jugement du Tribunal militaire international pour l'Extrême-Orient de 1946, le sac de Nankin et de sa périphérie a causé 200 000 victimes en six semaines. Enfin, certaines sources, notamment japonaises, envisagent un nombre bien inférieur, de 40 000 à 200 000 victimes.

Sur le plan matériel, 63 % des habitations de Nankin ont été pillées, et 24 % détruites durant le massacre, contre 2 % lors du siège. Ces estimations sont parfois supérieures.

UNE GUERRE CONTRE LES CIVILS ?

La guerre du Japon menée en Chine a fait subir à des millions de civils une terreur absolue. Si le massacre de Nankin en est devenu tristement emblématique, il ne doit pas occulter les bombardements aériens particulièrement meurtriers à Canton (Chine), Chongqing (Chine) ou Wuhan ni les tueries perpétrées loin de témoins occidentaux dans les villages et les hameaux. L'Asie du Sud-Est n'a pas non plus été épargnée par les violences de masse, notamment à Singapour en 1942 et à Manille (Philippines) en 1945.

Cette peur engendre l'un des exils les plus massifs de l'histoire de la Chine. Selon le Guomindang, près de 95 millions de Chinois ont été contraints à se déplacer, soit environ un habitant sur quatre. Une étude détaillée de juin 1939, réalisée par l'American Aid Committee, explique que la population des neuf principales villes occupées avait en moyenne diminué de 58 %.

TRIBUNAUX DE CRIMES DE GUERRE

En 1946, 28 officiers japonais sont jugés par le TMIEO. Il s'agit de hauts responsables, d'officiers militaires et de grades inférieurs, soit 19 militaires et neuf civils. Sur les 28 accusés, 23 sur 25 ont été reconnus coupables de complot criminel. Parmi eux, sept (six militaires et un civil), dont Iwane Matsui, sont condamnés à mort. Les autres sont condamnés à des peines de prison, généralement à vie.

Lors du procès, l'absence des médecins de l'unité 731, qui avaient effectué des expériences médicales sur des prisonniers ayant causé la mort d'au moins 9 000 personnes, suscite de nombreuses critiques, de même que l'emprise américaine sur l'organisation du procès et l'absence de certaines figures comme l'empereur et le prince Asaka qui bénéficient d'une immunité en raison de leur appartenance à la famille impériale.

De son côté, le tribunal des crimes de guerre de Nankin, créé en 1946 par Tchang Kaï-chek, condamne à mort quatre accusés. Le général Yasuji Okamura (1884-1966), lieutenant-général en 1936 puis premier commandant en chef de la 11e armée stationnée en Chine en 1938, est reconnu coupable de crimes de guerre. Il a cependant été protégé par Tchang Kaï-chek, qui l'a recruté comme conseiller militaire.

Au Japon, les controverses liées au TMIEO ont contribué au développement de courants révisionnistes.

UN SUJET SENSIBLE

Le massacre de Nankin est aujourd'hui intégré à l'identité nationale de la Chine. Aussi le nombre de victimes – 300 000 –, gravé dans le marbre sur

les stèles commémoratives de la ville et au mémorial, ne peut guère souffrir de contradictions.

| Mémorial de Nankin. © Magali Bailliot

Ceci tend à encourager des sentiments d'incré-
dulité au Japon, où la guerre évoque avant tout
les bombardements d'Hiroshima (6 août 1945) et

de Nagasaki (9 août 1945), qui eux n'ont jamais donné lieu à des procès, et à propos desquels de nombreux travaux historiques concluent sur un chiffre moindre, voire nettement inférieur, de victimes. En d'autres termes, les objections de part et d'autre sont parfois révélatrices de prises de positions idéologiques à l'origine de tensions diplomatiques.

Si aujourd'hui les relations commerciales et culturelles entre la Chine et le Japon prospèrent et que le la réalité du massacre de Nankin est admise par la plupart des Japonais – et dénoncée notamment par l'écrivain populaire Haruki Murakami (né en 1949) –, le sujet reste très sensible, particulièrement pour certaines franges nationalistes qui mettent en doute l'authenticité des preuves et témoignages sur le massacre, et bénéficient encore aujourd'hui d'une grande écoute à l'échelle nationale. Par exemple, la publication en 2005 d'un manuel scolaire japonais occultant les atrocités et les massacres de guerre provoque des manifestations antijaponaises dans plusieurs villes chinoises.

Dans le contexte de querelles territoriales, l'épisode contribue à durcir le climat diplomatique tendu entre le Japon et la Chine. Si le 15 août 1995, à l'occasion du cinquantième anniversaire de la capitulation japonaise, le gouvernement japonais a pour la première fois adressé ses excuses pour les actes commis pendant la guerre, à ce jour, la Chine déclare toujours vouloir des « excuses sincères » (« La Chine veut des "excuses sincères" du Japon », in *lefigaro.fr*, 14 août 2015).

EN RÉSUMÉ

- Le massacre de Nankin est une tragédie qui se rattache à la guerre sino-japonaise (1937-1945).
- Abandonnée par Tchang Kaï-chek, chef du gouvernement nationaliste (Guomindang), Nankin s'est retrouvée avec 100 000 hommes peu entraînés contre une armée japonaise déterminée.
- Alors que les troupes japonaises sont aux portes de la ville, John Rabe crée le Comité international de la zone de sécurité de Nankin et une zone internationale pour venir en aide aux civils. Il abrite plusieurs centaines de civils chinois sur sa propre propriété, et près de 250 000 réfugiés dans la zone de sécurité.
- Le 13 décembre, la ville tombe aux mains des troupes nippones.
- À partir de cette date, des centaines de milliers de civils et de militaires désarmés ont été assassinés par les soldats de l'armée impériale japonaise. Le massacre a duré près de six semaines. Meurtres de masse, tortures, viols, pillages et destructions ont été quotidiens.

- Le 17 décembre 1937, le général Matsui défile pour la victoire dans les rues de Nankin.
- Fin janvier 1938, les réfugiés doivent quitter la zone de sécurité.
- En février 1938, un gouvernement civil chinois est mis en place, puis le prince Asaka et le général Matsui sont rappelés au Japon. Les massacres cessent petit à petit.
- Bien que certains responsables aient été jugés après la guerre par le Tribunal militaire international pour l'Extrême-Orient, le massacre reste un sujet de controverse politique et de tensions diplomatiques récurrentes entre la Chine et le Japon. Certains responsables n'ont jamais été jugés tandis que certains historiens révisionnistes et nationalistes japonais tendent à minimiser les faits, voire à les nier.
- De nombreuses objections viennent également contredire l'estimation du nombre de victimes. Si la Chine fait état de 300 000 victimes, d'autres réduisent la portée du massacre en se basant notamment sur les conclusions du Tribunal militaire international pour l'Extrême-Orient.

Votre avis nous intéresse !
Laissez un commentaire sur le site de votre librairie en ligne
et partagez vos coups de cœur sur les réseaux sociaux !

POUR ALLER PLUS LOIN

SOURCES BIBLIOGRAPHIQUES

- AMAQUA (Frédérique), « Madame Li, "preuve vivante" du massacre de Nankin », in *libération.fr*, 28 août 1997, consulté le 18 janvier 2018. http://www.liberation.fr/planete/1997/08/28/madame-li-preuve-vivantedu-massacre-de-nankin-a-78-ans-elle-est-l-une-des-dernieres-survivantes-des-_212259

- ASKEW (David), « New Research on the Nanjing Incident », in *The Asia-Pacific Journal*, 2.7, 2004, p. 1-29.

- ASKEW (David), « The Nanjing Incident : An Examination of the Civilian Population », in *Sino-Japanese Studies*, n° 13, mars 2001, p. 2-20.

- ASKEW (David), « The International Committee for the Nanking Safety Zone : An Introduction », in *Sino-Japanese Studies*, n° 14, avril 2002, p. 3-23.

- BIX (Herbert P.), *Hirohito and The Making Of Modern Japan*, New York, Harpers Collins, 2000.

- BRISTOW (Michael), « Nanjing Remembers Massacre Victims », in *news.bbc.co.uk*, 13 décembre 2007, consulté le 31 octobre 2017. http://news.bbc.co.uk/2/hi/asia-pacific/7140357.stm

- BUDGE (Kent G.), « Okamura Yasutsuga (1884-1966) », in *pwencycl.kgbudge.com*, 2009, consulté le 31 octobre 2017. http://pwencycl.kgbudge.com/O/k/Okamura_Yasutsuga.htm

- CHANG (Iris), *The Rape of Nanking. The Forgotten Holocaust of World War II*, Londres, Penguin books, 1997.

- COURMONT (Barthélémy), « La tension monte entre Chinois et Japonais », in *iris-france.org*, 19 septembre 2016, consulté le 31 octobre 2017. http://www.iris-france.org/79759-la-tension-monte-entre-chinois-et-japonais/

- DURDIN (Frank Tilllman), « Chinese Fight Foe Outside Nanking », in *ne.jp*, consulté le 31 octobre 2017. http://www.ne.jp/asahi/unko/tamezou/nankin/1937-12-08-NewYorkTimesTillmanDurdin.html

- KASAHARA (Tokushi), « Le massacre de Nankin et les mécanismes de sa négation par la classe politique japonaise », in *Actes de la Table ronde Penser les atrocités de l'armée japonaise durant la Seconde Guerre mondiale*, octobre 2007, Institut d'histoire du temps présent, Institut historique allemand de Paris, 2007.

- KESSLER (Christian), « Nationalisme et crimes de guerre au Japon. Le dossier Hiro-Hito », in SOUYRI (Pierre-François) (dir.), *Le Japon. Des samuraïs à Fukushima*, Paris, Fayard, coll. « Pluriel », 2011, p. 198-213.

- « La Chine veut des "excuses sincères" du Japon », in *lefigaro.fr*, 14 août 2015, consulté le 18 janvier 2018. http://www.lefigaro.fr/flash-actu/2015/08/14/97001-20150814FILWWW00222-la-chine-veut-des-excuses-sinceres-du-japon.php

- LAI (Benjamin), « The Unlikely Shining Buddha – Bernhard Arp Sindberg », in *ospreypublishing.com*, 13 août 2017, consulté le 18 janvier 2018. https://ospreypublishing.com/blog/bernhard_arp_sindberg/

- LUCKEN (Michael), *Les Japonais et la guerre. 1937-1952*, Paris, Fayard, 2013.

- MARGOLIN (Jean-Louis), « 1928-1938 : Violence et totalitarisme en Asie centrale », in *Revue d'Histoire de la Shoah*, 189.2, 2008, p. 391-411.

- MARGOLIN (Jean-Louis), « Asie-Pacifique : un océan de violences », in SOUYRI (Pierre-François) (dir.), *Le Japon. Des samuraïs à Fukushima*, Paris, Fayard, coll. « Pluriel », 2011, p. 113-129.

- MARGOLIN (Jean-Louis), *L'armée de l'empereur. Violences et crimes du Japon en guerre 1937-1945*, Paris, Armand Colin, 2006.

- MARGOLIN (Jean-Louis), « Nankin, 1937. Le premier massacre de la Seconde Guerre Mondiale », in SOUYRI (Pierre-François) (dir.), *Le Japon. Des samuraïs à Fukushima*, Paris, Fayard, coll. « Pluriel », 2011, p. 130-140.

- MARGOLIN (Jean-Louis), « Une réévaluation du massacre de Nankin », in *perspectiveschinoises.*

revues.org, n° 92, 2005, consulté le 31 octobre 2017. http://perspectiveschinoises.revues.org/927

- MICHELIN (Frank), « Le procès des criminels de guerre japonais », in SOUYRI (Pierre-François) (dir.), *Le Japon. Des samuraïs à Fukushima*, Paris, Fayard, coll. « Pluriel », 2011, p. 183-197.

- NIQUET (Valérie), *Chine-Japon. L'affrontement*, Paris, Perrin, 2006.

- VIÉ (Michel), *Le Japon et le monde au XXe siècle*, Paris, Masson, 1995.

- WAKABAYASHI (Bob Tadashi), « Imperial Japanese Drug Trafficking in China : Historiographic Perspectives », in *Sino-Japanese Studies*, n° 13.1, 2000, p. 3-19.

- YAMAMOTO (Masahiro), *Nanking : Anatomy of an Atrocity*, Wesport/Londres, Praeger, 2000.

SOURCES COMPLÉMENTAIRES

- AKASHI (Yoji), « Japanese policy towards the Malayan Chinese, 1941–1945 », in *Journal of Southeast Asian Studies*, n° 1.2, 1970, p. 61–89.

- BIX (Herbert P.), « War Responsibility and Historical Memory : Hirohito's Apparition », in *The Asia-Pacific Journal*, n° 6.5, 2008, p. 1-17.

- BROOKS (Timothy), *Documents on the Rape of Nanjing*, Ann Arbor, University of Michigan Press, 2003.

- Connaughton (Richard), Pimlott (John) et
  Anderson (Duncan), *The Battle for Manila*,
  London, Bloomsbury Publishing, 1995.

- Costes (Élodie), Harnequaux (Alexis), Tripoteau
  (Camille), *Le Tribunal militaire de Tokyo*, Séminaire
  Justice Internationale, Institut d'Études Politiques,
  consulté le 31 octobre 2017. http://www.
  ut-capitole.fr/servlet/com.univ.collaboratif.utils.
  LectureFichiergw?ID_FICHIER=1333353762942

- Doglia (Arnaud), « Les violences de masse
  japonaises et leurs victimes pendant la "guerre
  de Quinze Ans" (1931-1945) », in *sciencespo.fr*,
  13 mai 2011, consulté le 31 octobre 2017. http://
  www.sciencespo.fr/mass-violence-war-mas-
  sacre-resistance/fr/document/les-violences-de-
  masse-japonaises-et-leurs-victimes-pendant-la-
  guerre-de-quinze-ans-1931-19

- Gernet (Jacques), *Le monde chinois. L'époque
  contemporaine*, vol. III, Paris, Armand Colin, 2011.

- Harris (Sheldon H.), *Factories of Death. Japanese
  Biological Warfare, 1932-1945, and the American
  Cover-up*, Londres, Routledge, 2002.

- Higashinakano (Shudo), Kobayashi (Susumu)
  et Fukunaga (Shinjiro), « Analyzing the
  "Photographic Evidence" of the Nanking
  Massacre », in *sdh-fact.com*, consulté le
  18 janvier 2018. http://www.sdh-fact.com/
  CL02_1/26_S4.pdf

- Hirofumi (Hayashi), « Massacre of Chinese in Singapor and Its Coverga in Postwar Japan », in Akashi (Yoji) et Yoshimura (Mako), *New Perspective on the Japanese Occupation in Malaya and Singapor, 1941-1945*, Singapour, Nuss Press, 2008, p. 234-249.

- Hu (Hua-Ling), *American Goddess at the Rape of Nanking : The Courage of Minnie Vautrin*, Carbondale, Southern Illinois University Press, 2000.

- HyperWar Foundation, « IMTFE Judgment », in *ibiblio.org*, consulté le 7 novembre 2017. http://www.ibiblio.org/hyperwar/PTO/IMTFE/IMTFE-8.html

- Katsuichi (Honda), *The Nanjing Massacre : A Japanese Journalist Confronts Japan's National Shame*, New Delhi, Penguin Books India, 2000.

- Large (Stephen S.), « Nationalist Extremism in Early Showa Japan : Inoue Nissho and the "Blood-Pledge Corps Incident", 1932 », in *Modern Asian Studies*, n° 35.3, 2001, p. 553-564.

- Legrand (Laurent), « Nankin, un massacre oublié », in *lepoint.fr*, 13 décembre 2013, consulté le 18 janvier 2018. http://www.lepoint.fr/histoire/evenements/nankin-un-massacre-oublie-13-12-2013-1768743_1616.php

- Lu (Suping), « The Nanjing Atrocities Reported in the U.S. Newspapers, 1937-38 », in *readex.com*, consulté le 31 octobre 2017.

- http://www.readex.com/readex-report/nanjing-atrocities-reported-us-newspapers-1937-38

- MARGOLIN (Jean-Louis), « Mobilisations japonaises, et Occupations nipponnes », in AGLAN (Alya) et FRANK (Robert) (dir.), *1937-1947 : la guerre-monde*, tome II, Paris, Gallimard, 2015, p. 1578-1618, 1868-1919.

- NANTA (Arnaud), « Pour réintégrer le Japon au sein de l'histoire Mondiale. Histoire de la colonisation et guerres de mémoire », in *Cipango*, n° 15, 2008, p. 1-20.

- SHEN (Qinna), « Revisiting the Wound of a Nation : The "Good Nazi" John Rabe and the Nanking Massacre », in *A Journal of Germanic Studies*, n° 47.5, 2011, p. 661-680.

- TAKINO (Ysana), « Japon-Chine. Murakami fâche les nationalistes japonais », in *Courrier International*, 13 mars 2017, consulté le 31 octobre 2017. http://www.courrierinternational.com/article/japon-chine-murakami-fache-les-nationalistes-ja-ponais

- WANG (Sining) et MOLLER (Daragh), « Data Challenges Japanese Theory on Nanjing Population Size », in *china.org.cn*, 28 décembre 2003, consulté le 31 octobre 2017. "http://www.china.org.cn/english/2003/Dec/83437.htm

- WOODS (John E.), *The Good man of Nanking. The Diaries of John Rabe*, New York, Knopf, 1998.

FILMS ET DOCUMENTAIRE

- *Le Sorgho rouge*, film de Zhang Yimou, avec Gong Li et Jiang Wen, Chine, 1987.

- *Le sac de Nankin*, documentaire de Serge Vialet, France, 2007. https://www.youtube.com/watch?v=JBmiELxLwbE

- *Les Orphelins de Huang Shui*, film de Roger Spottiswoode, avec Jonathan Rhys-Meyers et Michelle Yeoh, États-Unis, 2008.

- *City of Life and Death*, film de Lu Chan, avec Liu Ye, Gao Yuanyuan et Hideo Nakaizumi, Chine, 2009.

- *Massacre de Nankin : témoignage d'une survivante, 75 ans après*, documentaire de l'AFP (Agence France Presse), France, 2012. https://www.youtube.com/watch?v=e2XLYI7Vt1Q

ROMANS ET BANDES DESSINÉES

- YOSHIMURA (Akira), *La Guerre des jours lointains*, Paris, Actes Sud, 2004.

- MEYLAENDER (Nick) et ZONG (Kai), *Nankin*, Paris, Fei, 2011.

- LIU (Ken), *L'homme qui mit fin à l'histoire*, Saint-Mammès, Le Bélial', 2016.

MUSÉES ET BÂTIMENTS COMMÉMORATIFS

- Mémorial du massacre de Nankin, situé au sud-ouest de Nankin, construit en 1985 par le gouvernement municipal de Nankin en mémoire des victimes et pour sensibiliser l'opinion publique au massacre (Chine).

- Mémorial de John Rabe et de la zone internationale de sécurité, ouvert en 2006, situé dans l'ancienne résidence de John Rabe à Nankin, rénovée en 2005 (Chine).

SOURCES ICONOGRAPHIQUES

- Maison de John Rabe à Nankin. © Magali Bailliot

- Le fossé aux 10 000 corps, site de mémorial de Nankin. © Magali Bailliot

- Mémorial de Nankin. © Magali Bailliot

Éditeur responsable : Lemaitre Publishing
Avenue de la Couronne 159 | BE-1050 Bruxelles
info@lemaitre-editions.com

ISBN ebook : 978-2-8080-0810-5
ISBN papier : 978-2-8080-0811-2
Dépôt légal : D/2018/12603/32
Photo de couverture : © Moriyasu Murase – commons.wikimedia.org

Conception numérique : Primento,
le partenaire numérique des éditeurs.